AF595256

Table des Brochures

contenues

dans ce volume.

---

1. Les Japonais et leur ambassade (Extrait de la Revue de France) Sept. 1872.

2. Pagès (Léon). La persécution des Chrétiens du Japon. 1873.

3. Feer (Léon). La puissance et la civilisation Mongoles au XIIIe siècles. Paris, 1867.

4. Boissonade (G.). La Réserve héréditaire dans l'Inde ancienne & moderne. Paris, 1870.

5. Giquel (Prosper). La politique Française en Chine depuis les traités de 1858 et de 1860. Paris, 1872.

6. Lottin ~~(A.)~~ de la Prichardière (A). Précis historique de l'empire d'Annam. Toulon, 1870.

—

LES JAPONAIS

ET

LEUR AMBASSADE

Extrait de la REVUE DE FRANCE
Septembre 1872.

PARIS
IMPRIMERIE DE DUBUISSON ET Ce
5, RUE COQ-HÉRON, 5

1872

LES JAPONAIS

ET

LEUR AMBASSADE

Après avoir séjourné aux États-Unis, puis en Angleterre, une ambassade japonaise, composée de hauts dignitaires, va bientôt traverser la Manche pour commencer, par la France, une tournée générale à travers le continent. D'autre part, les journaux enregistrent plus fréquemment que de coutume des nouvelles concernant l'empire japonais. On nous parle inauguration de chemins de fer, ouverture de lignes télégraphiques terrestres et sous-marines, départ de missions militaires, achats de bâtiments cuirassés, changement de constitution et émission d'emprunts. Que se passe-t-il donc dans ce pays qui fait si subitement autant parler de lui ? Pourquoi députe-t-il si solennellement des représentants extraordinaires auprès des diverses cours de l'Europe ? C'est ce que nous voulons expliquer. Ayant récemment visité le Japon et devant à la bienveillance de plusieurs de nos compatriotes résidant dans le pays des renseignements assez précis sur sa situation actuelle, nous pensons être à même de la dépeindre d'une manière exacte et de faire ressortir quel doit être le rôle de la France dans les événements qui attirent en ce moment l'attention des divers journaux. Un pareil travail a peut-être une opportunité particulière dans notre pays, où l'esprit public, entièrement absorbé, depuis deux années, par des questions de vie et de mort, s'est détaché de bien des affaires qui l'eussent autrefois captivé.

Le mystère politique a été longtemps, on le sait, le trait caractéristique du Japon, et cela est si vrai que les plus habiles diplomates ne marchèrent d'abord qu'à tâtons sur ce sol si différent même des pays asiatiques. Les traités d'ouverture avaient surpris le pays sous la domination d'un pouvoir irrégulier, de sorte que nous prenions pour factieux ceux qui défendaient le droit, et pour souverain legitime un ministre usurpateur, descendant d'usurpateurs. Le contact plus intime des dix dernières années a permis de connaître l'histoire vraie du Japon et de la substituer aux données vagues et contradictoires qui seules avaient cours dans nos pays il n'y a que peu d'années. Ce serait en vain, du reste, qu'on essayerait de juger les événements actuels si l'on se bornait à les examiner en eux-mêmes. La clef en est dans le passé, et nous ne craindrons pas de nous y reporter. Ce ne sera que pour un instant.

Et d'abord, qu'est-ce qu'un Japonais? D'où vient ce peuple, si séduisant et si gai, vu sous certaines faces, si fantasque et si jaloux, examiné sous une autre? Comment, si voisin de la Chine, qui se ferme de toutes ses forces aux entreprises des Occidentaux, se précipite-t-il avec tant de fougue dans ce qu'on est convenu d'appeler la civilisation européenne? N'a-t-il donc avec les habitants de l'Empire du Milieu aucun lien de parenté? A-t-il un sang plus vif? serait-il d'une race supérieure?

Si vous questionnez là-dessus quelque lettré japonais, ses réponses seront des plus flatteuses pour lui et pour ses concitoyens, fort peu pour vous. Il vous dira sans hésiter que le Japon est une terre à part, créée par des dieux spéciaux, qui ne se sont occupés en rien des autres parties du globe, et qui étaient, en fait de fabricants de mondes, de beaucoup les plus habiles. De là vient, vous dira-t-il presque, la supériorité du Japon sur les autres pays et du Japonais sur les autres hommes. Peu satisfait de cette réponse, vous consulterez les ouvrages de nos ethnographes et vous y lirez que le Japonais est de race tartare, les premiers colons de ce beau pays ayant vraisemblablement quitté les contrées du nord de la Chine douze siècles avant l'ère chrétienne. Si vous êtes sur les lieux, vous serez obligé de convenir qu'il y a certains rapports, physiquement parlant, entre les Japonais et les Tartares, mais vous observerez en même temps des différences saisissantes. On vous les expliquera par la diversité des climats et par l'infusion de sang étranger due aux émigrants venus, à diverses époques, de Chine, de Corée et de pays plus méridionaux, soit volontairement, soit par suite de naufrages. Enfin, on vous fera savoir que les hommes du nord de l'Empire, les habitants de l'île Yesso, sont d'une race absolument différente; qu'on les appelle des Aïnos et qu'ils sont extrêmement barbus, tandis que les Japonais du sud ne le sont pas du tout. On dit les Aïnos proches parents de cette race particulière dont on retrouve les vestiges sur les rivages septentrionaux de l'Europe.

Quelle que soit la vérité à cet égard, il faut reconnaître que les Japonais sont remarquablement doués et que leur pays est un des plus séduisants qui soient au monde. La beauté des campagnes et la grâce des habitants ont été dépeintes avec le plus grand talent par un écrivain dont certes les Japonais ne se plaindront pas. Nous faisons allusion à M. le comte de Beauvoir, qui a merveilleusement rendu, dans son *Voyage autour du monde*, les agréables impressions qu'éprouve le voyageur débarquant dans l'île de Niphon. A notre sens, cependant, l'auteur a légèrement exagéré tout ce qui a trait au manque de pudeur, souvent reproché aux habitants de ce pays. Ainsi, lorsqu'il nous fait assister au bain des Japonais et des Japonaises, il omet de mentionner que ces sortes d'établissements sont parfaitement à l'abri des regards du public. Il ne fait pas non plus suffisamment ressortir, précisément au point de vue de la décence publique, l'avantage de cette disposition, tout à fait particulière, qui consiste à réunir dans un quartier spécial et séparé des autres tous les éléments impurs des grandes villes, et cela pour que les rues honnêtes puissent l'être tout à fait. Au Japon, à moins d'avoir franchi de son plein gré l'enceinte et les fossés du quartier mal famé, on ne voit dans les rues que des gens d'une tenue parfaite, avantage dont ne jouissent certainement pas les Japonais circulant sur nos boulevards. Au surplus, le gouvernement de Yeddo vient de prendre un arrêté d'après lequel les bains pour hommes et femmes devront, à bref délai, être remplacés par des bains pour hommes et des bains pour femmes. Nous gagerions que la lecture de tout ce qui s'est écrit en Europe au sujet des bains de Yokohama est la cause de cette ordonnance. Amoureux de leur pays, les Japonais guettent les critiques et corrigent tout ce qui paraît les ridiculiser aux yeux des étrangers.

Nous reprocherons encore à la plupart des ouvrages qui parlent du Japon de n'avoir pas suffisamment insisté sur le caractère éminemment usurpateur du pouvoir des taïcouns. Six siècles avant l'ère chrétienne, avait régné le premier des mikados. Comme lui, ses successeurs avaient exercé par eux-mêmes le pouvoir souverain, et ce ne fut que cinq siècles plus tard qu'ils se déchargèrent de la majeure partie des affaires sur un premier ministre. A l'origine, ce premier ministre était civil. Plus tard, la guerre devenant nécessaire pour maintenir dans le devoir de puissants seigneurs désireux de s'affranchir, le mikado donna la première place de l'Empire à un noble dont tous les efforts s'étaient tournés vers l'art militaire et auquel s'étaient attachées des maisons puissantes marchant avec leurs vassaux. En déplaçant le pouvoir, le mikado fit des mécontents jusque dans sa famille, dont quelques membres prêtèrent leur concours aux rebelles, lesquels se trouvèrent, à un moment donné, presque aussi nombreux que les sujets loyaux. La ruine du pays eût été consommée si divers nobles, et surtout le chef du clan des Guendgis n'eussent, par leurs exploits, assuré le triomphe du droit et rendu à l'empire les bienfaits de la paix. Pour récompenser ce dernier, le mikado l'investit de pouvoirs étendus, et telle fut l'origine du premier des shiogouns, titre correspondant à celui de généralissime, et plus connu en Europe sous le nom de taïcoun. Ces événements s'accomplissaient au commencement du treizième siècle.

Cependant la paix ne fut pas de longue durée ; les rébellions en revinrent à se succéder presque sans interruptions. Partout et toujours, le shiogoun était en avant; de mikado, il n'en était point question. Un taïcoun habile et peu scrupuleux s'aperçoit de sa puissance et de la faiblesse de son maître. Il extorque de ce dernier la délégation du pouvoir. L'engagement de ne se mêler en rien des affaires du gouvernement est même pris par le mikado régnant, non-seulement pour lui, mais aussi pour ses successeurs. Maître absolu de la situation, par suite de ces manœuvres déloyales, le taïcoun convoque à Yeddo une assemblée générale de tous les grands daïmios ou princes chefs d'Etats. Là, fort de ses nombreux guerriers, il dicte des ordres attribués au mikado, et d'après lesquels les daïmios devaient obéir au taïcoun, sans jamais entrer en relations directes avec la cour de Kioto. Quant aux mikados, on ne leur conserva de la souveraineté que le droit à de vains honneurs, exagérés au point de tuer absolument leur personnalité humaine. Gardés par des ministres les assujettissant à des rites extraordinaires, et transformés, bien malgré eux, en véritables idoles, les vrais souverains vécurent dans la solitude la plus profonde, entourés d'une atmosphère mystérieuse, qui donna complétement le change aux Occidentaux, et qui leur fit adopter à l'aveugle cette étrange invention d'un Japon à deux capitales, dont l'une, Yeddo, possédait le souverain temporel, et dont l'autre, Miako ou Kioto, était la résidence d'un souverain spirituel, sorte de grand pontife. Or, loin d'être grands pontifes, les mikados n'avaient même pas la qualité de prêtre, et cela est si vrai que deux ou trois d'entre eux durent abdiquer pour satisfaire leur désir de devenir ministres du culte. Quant au fondateur de la dynastie taïcounale, ayant les seigneurs sous la main et leur ayant imposé la constitution de son choix, il se garda bien de les renvoyer sans prendre des garanties. Tout daïmio dut acquérir une résidence à Yeddo et y faire un séjour de plusieurs mois, qui tous les ans, qui tous les deux ans. Lorsqu'un de ces seigneurs regagnait ses domaines, il laissait comme otage, en sa résidence de ville, un très proche parent, un fils autant que possible. Dès lors, en entretenant une force suffisante pour bien dominer Yeddo, les taïcouns étaient sûrs de tenir sous leur main ou les seigneurs, ou des proches qui leur fussent chers. La force, on l'organisa, et les emplois publics se multiplièrent dans les domaines privés du taïcoun au point qu'on y comptait 80,000 hattamotos ou grands capitaines et chevaliers, lorsque nous nous y présentâmes pour traiter, il y a quinze ans. Enfin, et cela se conçoit, les Etats du taïcoun étaient les seuls qui, au Japon, connussent la police, non point la police ouverte et protectrice, mais bien cette puissance occulte qu'amène fatalement à sa suite la crainte d'ennemis intérieurs toujours prêts à conspirer.

C'est à peu près à l'époque où les taïcouns commençaient la lutte contre les mikados, que les Occidentaux foulèrent le sol du Japon pour la première fois. Au treizième siècle, les correspondances de Marco-Polo, l'intrépide explorateur du Céleste-Empire, avaient appris aux Européens que les plages de la mer Jaune n'étaient point encore ce qu'on put appeler l'extrême Orient, mais qu'il existait, à quelques centaines de lieues par delà la mer, une terre qui s'appelait en Chine *le pays du Soleil Levant* et qu'habitait un peuple nombreux et policé. Ce sont même les lettres de Marco-Polo qui déterminèrent en partie Christophe Colomb à pousser vers l'Ouest, jusqu'à ce qu'il trouvât l'empire nouveau dont parlait le Vénitien.

Malheureusement pour Christophe Colomb, l'Amérique lui barra la route, et la découverte de l'Empire japonais fut réservée à des Portugais venus de l'Europe par le cap de Bonne-Espérance, l'Océan Indien et les côtes de Chine. Ce premier voyage fut exécuté en 1543, et les Portugais ne l'entreprirent pas à la légère. Depuis vingt ans, ils commerçaient avec les Chinois et ils avaient vu, particulièrement à Ningpo, des négociants de ce port ayant fréquenté le Japon, et le représentant comme peuplé d'une race énergique, faisant ses délices de la guerre. En gens pratiques, les Portugais chargèrent leur galion de mousquets, et c'est comme importateurs de cet instrument de mort qu'ils s'introduisirent parmi les sujets du prince de Satzouma, à l'extrémité septentrionale de la grande île de Kiusiu. Le succès des armes à feu fut complet, trop complet même, au gré des Portugais, car, avec la vivacité et l'intelligence qui les caractérisent, les Japonais se mirent immédiatement à en fabriquer de semblables, au lieu de se contenter d'acheter celles qui venaient d'Europe. Peu après, attiré par les récits des marchands de sa nation, saint François Xavier, l'apôtre des Indes, vint au Japon pour y enseigner la doctrine chrétienne. Son succès dépassa ses espérances, et ses lettres sont pleines d'éloges, dont la nation japonaise a lieu d'être fière. Ce que saint François-Xavier admire le plus dans l'organisation intellectuelle de ce peuple, c'est son amour pour la logique. Aussi demande-t-il à son ordre de ne lui envoyer que des missionnaires instruits, car, dit-il, « cette nation est pleine d'hommes savants, « qui ne se rendent jamais, à moins d'être convaincus par des rai- « sons évidentes. »

Pleins de bonne foi, les grands du pays convoquaient souvent leurs prêtres bouddhistes et les mettaient aux prises avec les missionnaires, ce qui amenait des tournois philosophiques d'un haut intérêt, souvent fructueux pour la cause du christianisme. En peu d'années, 200,000 Japonais avaient été baptisés; des églises s'élevaient de toutes parts. De très-hauts dignitaires pratiquaient ouvertement la religion chrétienne, et quant à ceux qui ne s'étaient pas convertis, ils se montraient d'une tolérance parfaite à l'endroit des croyances nouvelles.

Rapprochés de l'Occident par la communauté de foi, quelques princes japonais entreprirent un voyage en Europe (1582). Ils mirent trois ans à s'y rendre, tant étaient grandes, à cette époque, les péripéties de la navigation. Lisbonne, Madrid et Rome les reçurent avec enthousiasme. Leur absence fut de huit années et, dès leur retour, ils purent constater que la paix n'était plus dans l'Eglise naissante. Toujours et partout, les questions religieuses ont eu le don de passionner, et bien fin serait qui saurait découvrir de qui viennent, au Japon, les torts qui déterminèrent l'état de lutte. Un jour, c'étaient les croix qu'on avait renversées dans le cimetière chrétien et aussitôt les néophytes de se jeter sur les bonzes et sur les idoles. Ailleurs, c'étaient des imprécations dégénérant en rixes et en guerre de rues. Peu à peu, la passion se substitua au respect mutuel de croyances sincères et de là les désordres les plus déplorables. D'abord le pouvoir resta neutre, se contentant d'apporter à l'exercice du culte les restrictions nécessitées par le maintien de la paix publique. S'il finit par céder aux instances du clergé bouddhiste, c'est beaucoup à l'outrecuidance d'un capitaine espagnol que nous devons l'attribuer. Ce capitaine, en effet, qui arrivait du Pérou, avait été mandé par l'empereur lui-même, désireux de recueillir de la propre bouche d'un témoin oculaire des détails circonstanciés sur les pays lointains dont on lui racontait merveille. Armé d'une mappemonde, l'Espagnol se rend auprès du souverain et lui décrit, avec une faconde toute méridionale, la splendeur et l'étendue des possessions de Sa Majesté Catholique dans les deux Amériques. Stupéfaction de l'empereur, qui s'enquiert des procédés employés pour faire de pareilles conquêtes. « Quoi de plus simple? répond le capitaine : nos rois envoient des « missionnaires prêcher l'Evangile, puis, lorsqu'il y a beaucoup « de Chrétiens, nos soldats arrivent. Alors les Chrétiens se révol- « tent, puis ils se débarrassent des souverains indigènes et se dé- « clarent sujets des rois Castillans. »

Ce procédé de conquête était, de toutes pièces, inventé par le capitaine, car il est notoire que les missionnaires ne pénétrèrent au Mexique, en Bolivie et au Pérou que plusieurs années après les bandits qui subjuguèrent les indigènes incapables de lutter contre les armes à feu. Si faux qu'il ait été, le *racontar* du capitaine eut, néanmoins, des effets désastreux : l'infortuné avait témoigné insciemment en faveur d'une thèse que les bonzes du bouddhisme prêchaient chaque jour au pouvoir. En même temps, les marchands portugais se conduisaient de la manière la plus scandaleuse : âpreté au grain, mauvaise foi, débauches, il n'est rien qu'ils n'enseignassent à un peuple dont, à certains points de vue, la moralité est élevée. La mesure d'indignation déborda lorsqu'il devint avéré que les Portugais enlevaient des sujets japonais pour les revendre comme esclaves dans leurs possessions des Indes. « Ce sont des Chrétiens, » disaient les bonzes, « voyez les œuvres ; les enviez-vous pour vos peuples ? » Ce cri, que nous verrons répété presque textuellement dans l'écrit d'un lettré japonais de l'époque actuelle, trouva cette fois crédit à la cour du taïcoun et le christianisme fut prohibé (1596).

Ce n'était point une petite affaire que d'exécuter un pareil édit. Les Chrétien sétaient nombreux, ils étaient ardents; aussi n'essaya-t-on pas de les faire disparaître d'un seul coup. Les missionnaires étrangers furent les premiers sacrifiés, c'est-à-dire ou expulsés ou martyrisés. Deux d'entre eux parvinrent seuls à rester dans le pays, cachés par leurs ouailles. Puis le vice-roi de Goa fit des démarches pressantes, ses instances furent accompagnées de somptueux présents ; en fin de compte, une plus douce interprétation des ordres permit aux proscrits de respirer presque à l'aise. Cependant, tous sentaient que ce repos n'était qu'éphémère et que les persécutions ne tarderaient pas à recommencer. C'est sous l'influence de cette préoccupation que s'organisa la confrérie des martyrs, dont les membres se familiarisaient avec la pensée de la mort et des tourments, espérant par là ne point faiblir au moment suprême.

Sur ces entrefaites, le pouvoir taïcounal tomba entre les mains du fameux Hiéas, qui n'eût dû être qu'un régent, mais qui n'avait pas craint de déposséder l'enfant qu'il devait seulement gouverner pendant sa minorité. Les Chrétiens savaient que la mère de l'héritier légitime l'élevait dans des sentiments bienveillants pour leur religion, et ils eurent le tort de manifester très-hautement leurs préférences. Aussitôt le sang se remit à couler, et pendant plus de dix années le Japon fut témoin de martyres qui ne le cèdent en rien, comme héroïsme, aux plus beaux exemples des premiers siècles de l'Eglise. Un jour, cependant, les persécuteurs se crurent arrivés au terme de leurs désirs et leurs fureurs allaient se calmant lorsqu'une découverte importante ralluma leur colère. On saisit une lettre à l'adresse du roi d'Espagne, on l'ouvre, et qu'y voit-on ? Le plan d'une vaste conspiration à laquelle les nouveaux convertis supplient le roi catholique d'accorder sa protection ! C'en est fait, le voilà donc prêt à s'exécuter le fameux complot des missionnaires précurseurs des soldats ! Il faut prendre un grand parti : tout ce qui est étranger quittera le pays, l'Espagne et le Portugal seront mis au ban de l'Empire.

C'est en 1639 que parurent les édits fermant le Japon aux Occidentaux, et que s'en retournèrent, à Macao, les Portugais qu'enrichissaient depuis un siècle leurs échanges avec ce pays. On estime que, pendant les 95 années de liberté commerciale dont ils avaient joui, ces étrangers avaient reçu, en retour de leurs marchandises, une quantité de métaux précieux valant 2,075,000,000 de francs. Il leur paraissait dur de quitter une pareille clientèle. Aussi, après avoir laissé, pendant une année, les colères s'apaiser, envoyèrent-ils de Macao une ambassade composée de nombreux et hauts personnages, chargés de demander que le décret d'expulsion soit rapporté. Aussitôt débarqués, les ambassadeurs sont arrêtés, jugés et condamnés à mort, eux et leur suite. Soixante têtes sont tranchées et si douze personnes trouvent grâce, c'est pour qu'elles puissent faire savoir dans les possessions portugaises comment le Japon entend faire exécuter les décrets concernant les étrangers. Avant de les embarquer pour Macao, on mit les survivants en présence des têtes de leurs compagnons, puis, sur le tumulus qui recouvrit les cadavres, on écrivit ce qui suit : « Que personne, à l'avenir, tant que le soleil éclairera le monde, ne tente de pénétrer au Japon. Fût-il ambassadeur, quiconque contreviendra à cet ordre aura la tête tranchée. »

Les Portugais se le tinrent pour dit. Quant aux Chrétiens indigènes, on les traqua, on les dispersa, et, dans tous les lieux où leur culte avait fleuri, on prescrivit de faire chaque année fouler la Croix aux pieds par tous les habitants. Cette sinistre coutume persista même, à Nangasaki, jusqu'à la seconde arrivée des Européens. Malgré toutes ces précautions, nous le constaterons tout à l'heure, la semence apportée par Saint François ne fut point entièrement étouffée, et c'est à Nangasaki même que nous la retrouverons tout à l'heure de la manière la plus inattendue.

Les Hollandais, par exception, avaient trouvé grâce devant le taïcoun. Leur zèle pour la religion protestante, aussi bien que la haine vivace qu'ils nourrissaient contre l'Espagne et le Portugal, les avaient fait classer par les Japonais comme un peuple à part, honnête, commercialement parlant, et capable d'inspirer la confiance. L'îlot de Décima, dans la rade de Nangasaki, fut assigné comme résidence aux quinze ou vingt agents de la Compagnie néerlandaise, lesquels y vécurent presque emprisonnés pendant les deux siècles que dura la fermeture du Japon. Outre qu'il lui était agréable d'avoir un moyen de se procurer quelques marchandises, européennes, le gouvernement du taïcoun jugeait utile d'être à même de suivre les affaires de l'Europe et d'être averti à temps des dangers qui pourraient poindre de ce côté-là.

La France, on a pu le remarquer, resta complétement étrangère au mouvement extraordinaire qui se produisit à cette époque dans l'extrême Orient. En 1665, cependant, Colbert eut la velléité d'agir sur la cour de Yeddo et de l'amener à nous laisser, comme aux Hollandais, la faculté de commercer. Ne dédaignant pas, paraît-il, les artifices diplomatiques, l'illustre ministre crut devoir représenter son gouvernement comme anticatholique et s'imagina qu'il gagnerait les Japonais en leur faisant savoir que Louis XIV avait forcé la cour de Rome à lui adresser des excuses et à élever une pyramide en réparation d'une insulte dont la garde pontificale s'était rendue coupable à l'égard de l'ambassadeur français. L'envoyé de Colbert avait ordre d'insister sur cette circonstance afin de se faire bien venir des autorités japonaises. Sa mort, survenue lorsqu'il était encore peu éloigné de France, empêcha l'exécution de cette mission qui n'eut pas d'autre suite.

Prudents, pleins de déférence pour les autorités locales (au point d'avoir été plus d'une fois accusés de servilité), les Hollandais surent conserver la confiance de leurs protecteurs, ce qui leur permit de continuer sans encombre leurs opérations commerciales, fort actives et particulièrement avantageuses à leur belle colonie de Batavia. Pendant quelques années, cependant, l'anxiété et le découragement devinrent le partage des agents de la factorerie : les guerres du premier empire avaient mis le trouble dans le monde entier, de 1808 à 1813, tout trafic avait été interrompu dans les mers de Chine. Aucune nouvelle ne parvenait plus à Nangasaki, et ce fut en recevant la visite d'un officier, qui le sommait d'arborer le drapeau anglais, que le chef de la factorerie apprit que son pays avait perdu son autonomie pour être incorporé à l'empire français. Maîtres de la mer, les Anglais n'avaient pas voulu que la France héritât des colonies néerlandaises et ils s'en étaient emparés. Considérant le comptoir de Nangasaki comme une dépendance de Batavia, le gouvernement anglais prétendait se le faire remettre. Mais, fort de l'appui des Japonais, le chef de la factorerie résista si énergiquement que le pavillon néerlandais, disparu du reste du monde, continua de flotter sans interruption sur l'îlot de Décima.

Quant aux Japonais, aussi tranquilles qu'on peut l'être sous un gouvernement établi par la ruse mélangée de violence, ils avaient été oubliés par les Occidentaux, et il ne leur était venu d'alertes que du côté des Russes, qu'ils ne connaissaient pas comme Européens, mais comme Sibériens, c'est-à-dire comme Asiatiques. Les premiers frottements avaient été durs, les Russes ayant émis la prétention d'occuper les Kouriles et l'île de Saghalien. Après discussions, ils s'en étaient tenus à la partie septentrionale des Kouriles, mais ils n'abandonnaient Saghalien qu'avec des arrière-pensées mal dissimulées. De ce jour, le spectre russe hanta souvent la pensée des gouvernants de Yeddo et nous ne pensons point que les appréhensions aient aujourd'hui diminué. Pour ce qui est de nos pays, ils vivaient dans un oubli parfait de la «*France orientale*» (comme on s'est plu à appeler le Japon) ou bien ils en faisaient le sujet de fables aussi fantastiques qu'incontestées.

Mais la vapeur avait été appliquée à la navigation, les distances étaient amoindries et l'Angleterre avait pu déclarer à la Chine la guerre dite de l'Opium. Forts de leurs machines et des avantages qu'elles donnaient au point de vue de la production, les Anglais visaient à se créer des marchés leur permettant d'écouler la surabondance de leurs produits. L'expédition de Chine avait dépouillé les pays orientaux de l'atmosphère mystérieuse qui les enveloppait, la question japonaise devait fatalement surgir de la question chinoise. Pourtant ce ne furent ni la France ni l'Angleterre qui firent violence au désir bien naturel qu'avaient les Japonais de ne point développer leurs relations extérieures. C'est le gouvernement des Etats-Unis de l'Amérique du Nord qui conçut le premier la pensée de demander l'adoucissement des édits sévères qui concernaient les étrangers. Il chargea de sa requête le chef d'escadre Perry, qui eut ordre de l'appuyer au besoin de ses vapeurs, de ses canons de gros calibre et de 700 hommes de débarquement. Ce n'était point, hâtons-nous de le dire, dans le but méchant d'humilier le Japon que le cabinet de Washington agissait de la sorte. Depuis de longues années, notre pays a perdu la prévoyance, mais elle semble s'être accrue chez la race anglo-saxonne. Aux Etats-Unis et en Angleterre, on sait que le monde est borné, que les champs de travail sont limités et qu'il importe de s'y réserver des places. C'était là le mobile qui conduisait dans la baie de Yeddo, le 8 juillet 1853, les vapeurs portant le pavillon de l'Union. Le commerce de la

Chine, en effet, se développait rapidement, la Californie se peuplait à vue d'œil, et déjà l'on prévoyait l'immense ligne ferrée qui devait relier le Pacifique à l'Atlantique, à travers les Montagnes Rocheuses. Il fallait se hâter et préparer au Japon un lieu de relâche et de chargement pour la ligne de vapeurs qui, partant de Shangaï, servirait de pont volant entre la Chine et San-Francisco.

Tout d'abord, les Japonais furent stupéfaits de voir des bâtiments marchant à contre du vent et en remorquant d'autres. Les voiles ferlées, l'escadre remonte lentement la baie de Yokohama; elle vient mouiller à mi-distance entre l'entrée et la plage en pente douce où Yeddo se trouve bâti. Dès qu'elle jette l'ancre, des officiers japonais se présentent à bord de l'amiral et font comprendre qu'il faut s'en retourner; que de cette terre-là les étrangers sont à jamais exclus. Ces représentations n'émeuvent en rien le commodore. Il déclare hautement qu'il ne quittera la baie qu'après avoir rempli sa mission auprès des autorités. Il les voit, il les tâte, il sent des hésitations, et, plutôt que de briser les vitres, il quitte le pays, annonçant qu'il reviendra, et laissant le cabinet de Yeddo aux prises avec la lettre dans laquelle le premier magistrat de l'Union américaine demande l'ouverture du pays.

Un an après, il repasse, et comme, cette fois encore, on le prie de s'en aller, il menace, au nom du Président, de ce qu'on appelait autrefois l'*ultima ratio regum*. Or, le taïcoun en était encore au mousquet à mèche que les Portugais de 1546 avaient importé dans le pays, de sorte qu'il ne pouvait rien contre les engins perfectionnés de l'Amérique. Aussi, céda-t-il. Lorsque fut annoncée l'ouverture des négociations avec l'étranger, des canons furent traînés par des hommes ardents, sur la plage qui regardait l'escadre. Ne fùt-on intervenu, ces enthousiastes essayaient de chasser, à coups de pierriers, des bâtiments munis d'obusiers à longue portée! La raison l'indiquait, il ne fallait point tenter l'impossible; néanmoins, le taïcoun paya de sa vie ce manquement obligé aux lois de bannissement. Un mois après la signature du traité, le malheureux fut assassiné à l'instigation du parti que l'on appela depuis *National*, parce qu'il entendait faire triompher coûte que coûte la politique d'exclusion. Le souverain de Yeddo n'avait, à notre avis, qu'une seule chance d'arriver à sortir d'embarras :

c'était d'avouer franchement qu'il n'était pas le maître du Japon et qu'une affaire aussi importante que sa réouverture ne pouvait se traiter qu'avec le mikado. Dans ce cas, la nécessité de quitter la côte pour se rendre à Kioto aurait assurément diminué les prétentions du commodore, peu soucieux, bien évidemment, de s'engager dans des aventures. Mais, depuis longues années, les taïcouns s'étaient habitués à se jouer de Kioto; ils dominaient les grands par la barbare coutume des otages et il leur en eût trop coûté de s'abaisser aux yeux de tous.

A côté des patriotes farouches qui dévoraient leurs larmes, des caractères moins graves et plus curieux se mirent en rapport avec les officiers américains, qui ne manquèrent point de faire miroiter aux yeux des Japonais, de nature fort impressionnable, les merveilles, nous ne dirons pas de notre civilisation, mais de notre matériel. Les industrieux Yankees s'étaient munis d'un télégraphe électrique et d'un petit modèle de chemin de fer dont les rails avaient 400 mètres de longueur et qui fonctionnait parfaitement. Grossis par l'imagination, les récits de ce qui avait été vu se répandirent dans tout le pays, où chacun apprit que les *Barbares* revenaient les mains pleines d'inventions grandioses, tenant parfois de la magie.

Mais, comment! les Américains sont au Japon? Vite! il ne leur faut pas laisser cet avantage sur les autres, et voici que l'Angleterre, puis la Russie, puis la France, puis la Prusse, puis la Belgique, puis l'Espagne, puis l'Italie, puis l'Autriche viennent successivement réclamer le même traitement que les États-Unis. Point de priviléges, égalité pour tous, telle est la ligne de conduite que ces gros États réclament impérieusement, jaloux qu'ils sont entre eux, même des faveurs du pauvre gouvernement taïcounal! Consuls et stations navales arrivent à l'envi, pendant que les lettrés de l'Europe commentent de la façon la plus étrange les résultats obtenus en menaçant du canon. « La *science* triomphe, s'é-
« crient-ils, la *civilisation moderne* envahit le monde! Le *progrès*
« s'avance à pleines voiles! De l'Europe, il marche vers l'Orient;
« de l'Amérique il marche vers l'Occident, et, de ces deux cou-
« rants, il inonde le Japon et jusqu'à la vieille Chine! »

Pourquoi donc se servir de tous ces grands mots pour expliquer ce que nous sommes allés faire au Japon? Veut-on les voir tels qu'ils sont, les mobiles qui nous ont poussés? Je les trouve très-bien peints dans cette exclamation du représentant, à Yokohama, d'une maison de commerce française : « Quels hommes, » s'écrie-t-il, « que ces Japonais! avant dix ans, ils boiront le champagne encore mieux que les Russes! » Les voilà pris sur le fait, nos hommes civilisés. Cette grande mission que nos lettrés leur prêtent, savez-vous en quoi elle consiste? Gagner le plus d'argent possible et par tous les moyens.

Mais enfin, me direz-vous, dans l'ordre intellectuel, dans l'ordre politique, nous avons dû importer avec nous quelque grande idée. Nos mœurs ne sont-elles point chrétiennes et se peut-il que nous n'ayons pas trouvé dans ce pays-là de grands abus à réformer? Vous allez en juger. Suivons les faits.

Dès notre arrivée au Japon, se dessinèrent parmi les gens qui nous virent deux partis bien distincts. L'un d'eux voulait s'en tenir aux vieilles coutumes, repousser tout ce qui venait de l'Europe et profiter de la première occasion pour chasser les étrangers. L'autre, séduit par la nouveauté, par notre richesse et par la force de nos armes, n'était point fâché de s'assimiler ces engins perfectionnés, qui lui apparaissaient, non sans raison, comme le plus clair de ce que nous apportions.

Il faut nous le rappeler, le Japon était alors une confédération de dix-huit États souverains, à la tête de chacun desquels se trouvait un daïmio, absolument maître chez lui et ne devant régulièrement rendre hommage qu'au mikado. Les usurpations violentes des taïcouns avaient seules amené les grands à se courber devant le gouvernement de Yeddo, qui eût dû, en droit, ne diriger que les affaires de l'État de Kwanto, domaine particulier de la famille taïcounale. Le shiogoun s'était donc gardé d'admettre les Européens dans des villes ne faisant pas directement partie de sa principauté. En permettant d'ouvrir des ports dans des États autres que le sien, il eût pu faire naître des susceptibilités toujours dangereuses de la part de puissants rivaux, et, de plus, n'eût-il rien craint, il se serait bien gardé d'agir différemment. Les Européens, en effet, amenaient avec eux des armes perfectionnées, c'est-à-dire la force, et le commerce, c'est-à-dire la certitude de revenus douaniers. Puisque, d'eux-mêmes, les *Barbares* n'avaient demandé à traiter qu'avec le taïcoun, et que, d'ailleurs, force était de se résigner aux tiraillements inhérents à leur présence, au moins fallait-il, comme compensation, être seul à profiter des quelques avantages qu'ils pouvaient procurer. C'eût été, en effet, une politique assez habile, et l'on s'efforça tout d'abord de s'y conformer. Dès que le Yokohama fut livré aux commerçants, des achats d'armes s'y firent sur une grande échelle, et quelles armes achetait-on? Des chassepots! Les fantassins de Yeddo les portèrent avant nos soldats! Le taïcoun accueillait avec enthousiasme tout ce qui sert à la guerre, et de France arrivèrent successivement des officiers et des sous-officiers pour instruire les troupes, des ingénieurs et des ouvriers maritimes pour établir un arsenal. « Fort bien, » crie la presse; « tout va bien, l'influence française est souveraine au Japon, » et chacun de se réjouir en lisant, dans les feuilles publiques, ces nouvelles à sensation. Le fond de l'affaire, voici quel il était.

Parmi les grands daïmios, les uns nous détestaient cordialement et criaient à la trahison chaque fois que le taïcoun faisait une concession de plus aux ministres européens. Rencontrer un étranger était pour eux un supplice, un déshonneur, et toujours ils furent, eux ou les leurs, les instigateurs de ces guet-apens et de ces scènes tragiques évidemment condamnables, mais rehaussées, en général, par un cachet particulier de haine et de bravoure. Témoin cette attaque insensée du ministre anglais par deux chevaliers qui, pour se faire jour jusqu'à lui, chargent sans autres armes que leurs sabres, un nombreux peloton de soldats anglais escortant leur ministre. Il fondent sur leur proie avec une telle vigueur que les Anglais ont douze hommes blessés avant que les deux fous ne soient maîtrisés. Témoin encore la fameuse affaire Richardson, célèbre à cause de la présence d'une dame au milieu de la bagarre et du bombardement par la flotte anglaise de la ville de Kagosina, capitale des Etats du prince de Satzuma. Ce seigneur, l'un des plus puissants du Japon, avait refusé d'accorder les réparations qui lui avaient été demandées pour le meurtre, par ses gens, d'un Anglais dont le seul crime avait été de ne pas s'effacer suffisamment vite sur le passage du cortége princier. L'affaire de Kagosima fut très chaude. L'escadre anglaise y fit des pertes sérieuses, malgré la supériorité de son armement sur celui des batteries de la terre.

A côté des daïmios, nos ennemis par principe et presque par foi, il y en avait d'autres qui souffraient infiniment plus du joug du taïcoun que de notre présence sur le sol de leur patrie. Ceux-ci virent très-clairement que l'ouverture à l'Europe du seul Etat du taïcoun ne faisait que fournir au maître de Yeddo une force nouvelle pour dominer ses rivaux. Combien ils étaient dans le vrai! C'est à croire qu'ils avaient eu communication de cette phrase attribuée à l'un des hommes les plus influents du cabinet anglais : « Le taïcoun a signé nos traités, nous devons donc « admettre qu'il avait le droit de les conclure, et en le soutenant, « nous lui donnerons la force de les exécuter. » Or, les grands princes de l'empire ne s'étaient jamais pliés qu'avec répugnance à la substitution du pouvoir taïcounal à celui du mikado. Ils trouvaient que les recevoir n'était point une tâche au-dessous de la dignité de celui qu'ils vénéraient comme leur maître. L'appui que les Européens donnèrent au taïcoun changea en haine ouverte ces sentiments de jalousie secrète. Les uns s'indignèrent de ce que la cour de Yeddo nous fit bon accueil; les autres eussent voulu profiter, comme le taïcoun, des éléments de puissance que nous apportions avec nous. Tous, ils avaient donc la pensée commune de se débarrasser du taïcounat.

La conspiration commença, de la manière la plus hardie, par 'abandon subit de Yeddo. « On y voit des étrangers, » dirent les grands seigneurs. « c'est contraire aux lois fondamentales que « vous n'avez pas le droit de modifier sans l'ordre du mikado. « Vous ne l'avez pas consulté pour traiter; nous partons pour « aller le rejoindre. » Aussitôt, Kioto devint le centre d'une hostilité non contenue contre le taïcoun plutôt que contre les étrangers, et ce qui le prouve, c'est que le prince de Nagato fut peu soutenu par ses collègues lorsqu'il prétendit interdire le passage de la mer Intérieure aux bâtiments européens. On sait que le prince avait donné l'ordre de les canonner, et que l'exécution réitérée de cet ordre motiva l'affaire de Simonosaki, où les escadres réunies de la France et de l'Angleterre eurent facilement raison des faibles défenses de la passe.

Le mikado régnant alors n'était qu'un enfant, et, comme on le pense bien, il se doutait fort peu de tout ce qui se faisait en son nom. Le prince de Satzouma, ayant comme confident un Français de distinction, était l'âme de ce mouvement. Un instant il faillit devenir taïcoun, mais son jeu fut découvert à temps par l'œil vigilant des autres daïmios. Enfin, après de longues machinations, après quelques combats entre les hommes de Satzouma et ceux du taïcoun, ce dernier fut mandé à Kioto et sommé de se démettre de ses fonctions, ce qu'il fit d'assez bonne grâce, au commencement de 1868. Ainsi prenait fin (fait immense dans l'histoire du Japon) cette dynastie des taïcouns, qui avait commencé ses usurpations lors de la première arrivée des Européens, et que, indirectement, le retour de ces derniers replaçait à son véritable rang, celui de famille souveraine de l'Etat de Kwanto. C'en était fait aussi de cette si fameuse influence française, toute basée sur le taïcounat, et qui s'écroula tout d'une pièce avec lui, si tant est qu'elle fut jamais ce que nous aimions à la croire. Les derniers taïcouns avaient passé de durs moments ; en quinze années, deux d'entre eux étaient tombés sous les coups de patriotes en rage, et sans cesse se présentait pour eux cette insoluble difficulté : contenter à la fois étrangers, peuple et daïmios de toutes les nuances.

Il était à craindre que la révolution qui venait de s'accomplir ne fût une occasion pour déchirer les traités, mais le contraire arriva. Deux ans environ avant la chute du taïcoun, les ministres européens, voyant poindre à l'horizon un mouvement sérieux en faveur du mikado, s'étaient rapprochés de Kioto. Ils avaient agi sur divers daïmios influents et leur avaient fait pressentir que les cabinets européens ne consentiraient jamais à se départir des droits de résidence et de commerce que le taïcoun leur avait concédés. D'ailleurs, les ennemis vraiment acharnés de l'Europe étaient en minorité. Une sorte de respect humain, plutôt qu'une répugnance réelle, empêchait la majorité de se prononcer ouvertement en notre faveur. La crainte d'une guerre leva les scrupules, de sorte que le premier acte du nouveau gouvernement fut d'adresser aux cabinets européens une circulaire où les derniers événements étaient expliqués et qui contenait un appel très-explicite au concours loyal des étrangers. « La réorganisation du Japon, « dit le document, est aussi intimement liée à leur gloire que « l'ombre l'est au corps et l'écho au bruit qui le produit. »

Nous l'avons dit, le mikado n'était qu'un enfant et les affaires étaient dirigées par un conseil formé des principaux daïmios, assemblée que les Européens ont désignée sous le nom de Chambre fédérale. Les princes du sud y avaient la plus grande part d'influence et n'étaient que médiocrement disposés à l'égard des anciens serviteurs de la dynastie taïcounale. Les taïcouns avaient créé toute une armée de petits gentilshommes dont la position se trouvait compromise par la chute de leur patron et qui se mirent en rébellion contre le nouveau pouvoir. Quelques grands chefs du nord suivirent cet exemple, et, quoique le prince démissionnaire se tînt dans une soumission complète, digne des plus grands éloges, les rebelles affichèrent la prétention de le rétablir. La guerre civile s'ensuivit et les troupes du sud furent d'abord battues partout.

Comme cela se passe toujours, ces succès grossirent le nombre des adhérents à la révolte, et c'est alors que l'ancienne flotte militaire du taïcoun, restée neutre jusqu'alors, se prononça contre le mikado. En même temps, un des officiers français de la mission militaire s'offrit comme général en chef de l'armée rebelle, entraînant avec lui plusieurs sous-officiers de ladite mission, aussi bien que deux aspirants de notre marine militaire. Quant aux marchands de Yokohama, ils vendirent des armes aux deux camps adverses, suivant leur habitude. A partir de ce moment, et il serait difficile d'expliquer pourquoi (puisqu'ils n'avaient eu que des succès), les gens du Nord changèrent d'objectif. Ils ne se proposèrent plus d'imposer leur volonté au Sud, mais seulement de s'organiser dans le Nord d'une manière indépendante. Le Sud, n'étant plus attaqué, fut contraint de marcher vers le Nord et de se munir de bâtiments de guerre pour lutter coutre la flotte dont nous avons parlé plus haut. Tous ces préparatifs exigèrent du temps et ce ne fut qu'en juin 1869 que les opérations de l'attaque purent commencer d'une manière suivie. L'officier français avait fortifié les environs du port d'Hakodadi, dans l'île Yesso, et c'est sur les positions qu'il y avait choisies qu'il reçut le choc de l'ennemi. Ses sous-officiers lui servaient de divisionnaires. Il était plein de confiance, assure-t-on. Mais, pendant un des combats, la flotte du mikado fit pleuvoir des obus là où nul ne les attendait, de sorte que les fantassins se replièrent en désarroi sur Hakodadi, où se trouvait la seconde ligne de défenses. Découragé par cet échec, qui lui fit voir, mais un peu tard, qu'il s'était mis au service d'une mauvaise cause, le général en chef quitta l'armée et demanda asile à bord d'un aviso français qui se trouvait sur les lieux. La ville d'Hakodadi ne tint pas longtemps; de nombreux prisonniers y furent faits, mais un parti de braves entre les braves refusa de se rendre et s'enferma dans une sorte de citadelle d'où l'on ne put le déloger qu'après quatre jours de combat. Ainsi se terminait une rébellion qui nous a fait le plus grand tort dans l'esprit des Japonais, à cause de la part qu'y avaient prise des officiers de notre nation et de la légèreté avec laquelle les autorités françaises traitèrent ce manquement coupable à la neutralité. Les deux aspirants furent bien chassés de la marine, mais, de retour en France, l'officier qui les avait entraînés conserva son grade dans l'armée, ce que les Japonais ne purent concevoir. Ils virent dans cette indulgence l'approbation officielle d'un acte contraire à la discipline qui leur avait coûté du sang et de l'argent.

Les joies de la victoire furent très-vives dans l'entourage du mikado. Le Sud avait eu de grandes difficultés à vaincre, et ce qui le rendait particulièrement fier, c'était d'avoir enlevé des fortifications construites d'après des plans européens. Aussi les premières réunions de cette assemblée de daïmios que nous avons appelée la Chambre fédérale se ressentirent-elles beaucoup de cette confiance en soi que donne le succès. On s'y préoccupa de défendre le pays contre les ingérences intempestives de l'Europe, et l'on avait en cela bien grandement raison. Mais, où l'on se trompa, ce fut dans les mesures adoptées.

L'équipée de quelques-uns de nos nationaux avait mis une fois de plus en garde contre le christianisme. Les Japonais, qui ont le sentiment religieux très-développé, ne conçoivent pas l'indifférence, et alors ils se dirent : les Européens sont chrétiens, et que viennent-ils de faire? Soutenir des rebelles, leur vendre des armes, se mettre à leur tête! Et tout cela au moment où nous les protégions de notre mieux contre les patriotes! C'est abominable! Donc le christianisme est une religion sans morale, et nous devons veiller à ce qu'il ne s'infiltre pas chez nous. Or, sans permettre aux prêtres de l'Occident d'entrer en rapport avec la population indigène, le gouvernement les avait autorisés, dès la signature des traités, à s'établir dans les ports ouverts et à y exercer leur culte librement, en ce qui concernait les colons européens. A Nangasaki, voici ce qui s'était passé.

Cette ville avait été presque entièrement peuplée de chrétiens lors des prédications de la première époque. Malgré l'absence complète, pendant plus de deux siècles, de prêtres, soit européens, soit indigènes, certaines familles avaient conservé la tradition de la doctrine, la plupart des prières usuelles et même le baptême, nous a-t-on assuré. Lorsque, à la seconde arrivée des Européens, une chapelle catholique fut construite à Nangasaki, l'attention des descendants de chrétiens fut éveillée ; ils vinrent discrètement visiter l'intérieur du monument. Les images et les statues leur indiquèrent clairement que l'édifice était chrétien; mais leurs traditions, un peu confuses, leur disaient qu'il y avait deux christianismes, et qu'un seul des deux était le primitif. Grand embarras! Comment donc savoir à qui l'on a affaire? Une vieille femme, fort savante à ce qu'il paraît, trouva le moyen d'écarter tous les doutes. « Es-tu bonze chrétien? » dit-elle à un prêtre qui se promenait dans le jardin. « Oui, répond ce dernier. » « Es-tu marié? » poursuit la femme. « Non, répond le prêtre; dans ma religion, cela nous est interdit. » Et aussitôt la vieille femme d'annoncer à ses amis qu'elle avait trouvé les vrais bonzes.

La prudence commandait que ces familles si admirablement fidèles à la tradition de leurs ancêtres ne fréquentassent leur église qu'à la dérobée. Mais, en dépit des précautions prises, elles furent découvertes et aussitôt signalées au gouvernement. Cette affaire était grave, et les personnes mal renseignées crurent qu'il s'agissait de familles converties par les missionnaires de la seconde époque, se permettant d'évangéliser les indigènes, après avoir promis de ne point s'adresser à eux. Il n'en était rien cependant, et les preuves matérielles n'eussent pas manqué pour établir la vérité. Toutes ces familles avaient, en effet, conservé précieusement des reliques de martyrs ou des objets de piété dont l'apparence dévoilait la vétusté. Les reliques les plus habituelles consistaient en lambeaux de soie trempés dans le sang des exécutés, en morceaux de bois provenant des croix sur lesquelles plusieurs d'entre eux étaient morts. Ce qu'il y avait de plus remarquable, c'était le fragment d'une page de bréviaire dont les caractères étaient encore très-bien conservés et que recouvraient, tant il était considéré comme précieux, mille et une enveloppes successives.

Ainsi la question religieuse se trouvait de nouveau soulevée, et le gouvernement du mikado n'était nullement disposé à la tolérance. Il fit arrêter tous ceux que la police avait signalés. L'exil et la prison se les partagèrent. Nous croyons même qu'il y eut quelques tortures, qu'endurèrent courageusement ceux dont on prétendait exiger l'abjuration par raison de salut public.

Sur ces entrefaites, de chauds partisans de l'Europe prirent place dans les conseils du gouvernement. L'ex-taïcoun avait, on s'en souvient, envoyé dans nos pays un assez grand nombre de jeunes gens qui devaient s'y initier à nos sciences, observer nos mœurs et redire à leurs concitoyens ce qu'ils avaient vu. Le frère du taïcoun, le jeune prince Mimboutayau, était même devenu hôte intime de la cour des Tuileries, où le faisaient apprécier sa haute distinction et la dignité de sa conduite. Lors de l'abolition du taïcounat, tous ces jeunes gens, dont la position sociale se ressentait de la révolution, durent revenir dans leur pays. Ils y arrivèrent encore tout impressionnés des spectacles brillants qu'avait offerts Paris pendant l'Exposition universelle et émerveillés du luxe déployé par les souverains qui l'honorèrent de leur présence. Leur pays, si gracieux mais si simple, leur parut un triste séjour, et toute leur influence s'employa à pousser leurs compatriotes vers l'imitation des Occidentaux. Rien de mieux, assurément, que d'étudier les peuples étrangers pour s'assimiler ce qu'ils ont de bon, mais encore faut-il raisonner son choix, sous peine de copier le mauvais comme le bon, ou même de prendre le mauvais pour du bon.

Que les Japonais reconnussent la supériorité de notre matériel et qu'ils se l'appropriassent, cela pouvait être utile, à la condition de ne le faire qu'après s'être concertés avec des Européens désintéressés et connaissant bien l'Europe et le Japon. Détruire bruyamment leur constitution sociale, héritage d'un passé de vingt-cinq siècles, pour copier celles de l'Europe, c'était le comble de l'imprudence. Cependant on se mit à étudier notre organisation politique, et c'est ainsi que furent importées mille expressions sonores, inconnues jusqu'alors. On fit des théories abstraites sur le pouvoir, qu'on trouva superbe de subdiviser, comme chez nous, en trois branches distinctes : pouvoir judiciaire, pouvoir administratif. pouvoir législatif. On substitua la notion de l'Etat-Providence à celle de la responsabilité individuelle, ce qui tua d'un coup le *self-government* dont jouissaient les Japonais à un degré inconnu dans nos pays.

On voulut libeller une charte, et, comme on avait sur les bras tout le personnel et toutes les traditions de l'organisation féodale, les rouages administratifs se trouvèrent enchevêtrés dans une foule de conseils dont faisaient partie telles et telles catégories de seigneurs. Enfin, on voulut centraliser, et il fut décrété que les daïmios ne toucheraient plus aux redevances que leur servaient leurs tenanciers, mais que tout irait au trésor central, qui appointerait chacun proportionnellement aux anciens revenus; la fraction de un dixième des revenus fut adoptée pour les appointements, mais on libéra les seigneurs, devenus fonctionnaires, de l'entretien du personnel avec lequel ils gouvernaient autrefois leurs États. Les seigneurs y gagnèrent, mais les impôts durent être augmentés. Ils ne suffirent pas, néanmoins, et, non volontairement cette fois, il fallut encore imiter les Européens en émettant un emprunt, que souscrivirent les banques anglaises et américaines, au taux de 9 0/0. Il est vraiment pénible d'avoir à prononcer ces mots lorsqu'on parle d'un pays qui avait été assez sage pour ne pas anticiper sur les ressources de l'avenir et qui arrive à s'endetter sous prétexte de se *civiliser*.

Les affaires en étaient là lorsqu'éclata la guerre de Prusse, qui fut pour le cabinet de Yeddo l'occasion de tiraillements ennuyeux. Le ministre de la cour de Berlin, qu'on avait pris jusqu'alors pour un homme d'une parfaite urbanité (et qui donnait chaque dimanche un déjeuner où l'on n'était guère admis que si l'on parlait français), fit une volte complète dès qu'il apprit nos défaites et sembla vouloir entreprendre de nous anéantir aux yeux des Japonais.

Comme les étrangers avaient été souvent très-exposés, à Yokohama, aux colères du parti national, la France et l'Angleterre à titre de nations prépondérantes, y entretenaient, la première, deux compagnies et la seconde un bataillon de fantassins, lesquels protégeaient aussi bien les Hollandais, les Américains ou les Allemands que leurs propres nationaux. Néanmoins, le ministre prussien complota de nous faire chasser de ce poste, tout d abnégation. Il commença par faire signer aux ministres du mikado une pièce où le Japon était déclaré neutre. Puis, cette pièce en main, il invoqua les devoirs des neutres et réclama le départ immédiat des militaires français. Ses collègues de toutes nationalités lui reprochèrent son inintelligente conduite et poussèrent les Japonais à ne tenir aucun compte de cette requête inopportune. Perdant le sang-froid, qu'on a dit cependant être l'apanage de sa race, le ministre se laissa aller aux gros mots et menaça de faire bombarder, par la frégate la *Hertha*, les logements de notre garnison. Plus sensé, le commandant de la *Hertha* refusa d'entamer les hostilités, qui n'eussent abouti qu'à faire écraser son navire par les forces, très-supérieures de la marine française.

Nous ayant toujours considérés comme la première puissance militaire, les Japonais furent absolument stupéfaits de voir les défaites se succéder, pour nous, sans interruption. Néanmoins, ils ne visèrent jamais à nous humilier et se contentèrent, après la guerre, d'habiller leurs soldats moins à la française, plus à la prussienne. Cette inclination ne dura même qu'un instant et lorsque le mikado voulut avoir sa mission militaire, comme l'ex-taïcoun, ce fut encore à la France vaincue qu'il eut la galanterie d'adresser sa demande d'officiers.

Peut-être les malheurs dont ils voyaient notre pays accablé eussent-ils dû faire comprendre aux partisans de l'imitation à outrance que tout ce qui reluit n'est pas or et que des beaux vêtements peuvent cacher des plaies dangereuses. Il n'en fut rien cependant, et le désir de se transformer ne fit que s'accroître. Le mikado, renonçant à l'existence retirée qu'avaient menée ses ancêtres, se montra en public, non plus en palanquin, mais dans un brillant équipage traîné par quatre chevaux. Ses cavaliers d'escorte sont habillés en hussards; lui-même porte un costume mi-japonais, mi-européen. Quant à la jeunesse riche, elle rejette loin d'elle l'élégant costume national pour se vêtir à l'européenne. Elle fréquente les courses et elle y paraît en culotte de peau, le lorgnon sur l'œil, le stick à la main. Et les Européens de rire, bien entendu. Que, chez nous, les Japonais adoptent nos costumes, cela est naturel, mais qu'ils veuillent les importer chez eux, c'est fort avantageux pour nos marchands d'habits, mais c'est assurément un manque complet de goût. Des hommes, la manie de singer passe aux femmes et voici que les jeunes filles sont envoyées en Europe pour y apprendre les grandes manières et l'art de la toilette.

Longue est la liste des emprunts qui nous ont été faits et des travaux en cours d'exécution : armes perfectionnées, phares, bouées, navires cuirassés, chemins de fer, télégraphes électriques, hôtel des monnaies, gaz, académies de médecine, journaux, écoles militaires, arsenaux maritimes, expositions, *alignement et élargissement des rues de Yeddo* (c'est à n'y pas croire). On parle de faire venir d'Angleterre des ouvriers et des machines pour faire connaître aux artisans nos procédés de fabrication. A la France, cela devait être, on a demandé un avocat, lequel est, à cette heure même, en train de légiférer. Eh bien! tout cela n'est pas encore assez. Il doit y avoir autre chose en Europe; une mission partira, elle parcourra le monde entier, et, sans relâche, elle dira : il y a ceci, il y a cela. Nous ne l'avons pas; vite, faites-le!

En se déclarant ainsi novateur à outrance: le gouvernement du mikado donne-t-il en même temps de sages conseils aux populations? et leur dit-il, par exemple: Vous avez vécu jusqu'à ce jour soutenus par telle et telle croyance, gouvernés par tel ou tel principe, n'y touchez pas ou vous êtes perdus? Rien de semblable, hélas! ne se fait entendre au milieu du tapage causé par l'envahissement du nouveau. Au contraire, il nous parvient de temps à autre quelques sons bien discordants, articulés qu'ils sont par un peuple dont l'organisation sociale reposait tout entière sur le patronage et sur la famille patriarcale. Quand un pareil pays vous parle tout d'un coup égalité, suffrage universel, partage forcé des successions et liberté de la presse, vous avez lieu de frémir et de vous demander si quelque cataclysme n'est point proche. On lit déjà dans les journaux de Yokohama des entrefilets comme celuici : « Des paysans de la province de Nergata ont refusé de payer » un impôt exigé par le gouvernement central, *en sus des impôts » accoutumés*, pour l'exécution d'un canal projeté. Quoique les in- » surgés fussent au nombre de 30,000, ils ont été battus par les » troupes impériales. »

Heureusement, s'ils sont passionnés, les Japonais sont intelligents et travailleurs. La lumière se fera dans leurs esprits, nous le souhaitons du moins, à mesure qu'ils pénétreront davantage notre organisation sociale. Au nombre de deux ou trois cents, ils étudient dans plusieurs pays de l'Europe, et l'un d'eux a fait paraître dans une revue anglaise (1), sous le titre : *Avertissements aux Japonais*, une étude qui mérite d'être méditée et de laquelle les lignes suivantes ont été extraites :

« Il faudrait une grande circonspection dans le choix des ou- « vrages européens que nous faisons traduire et envoyer dans « notre pays pour la nourriture intellectuelle de nos concitoyens. « Certains livres peuvent nuire : en voici un exemple. N'est-il pas « vrai que cette contrée de l'Europe réputée naguère comme la « plus civilisée et la plus puissante est réduite à une situation « précaire par suite d'invasion et de guerre civile ? Or c'est le « pays qui a inventé le code Napoléon, ouvrage que nous nous « empressons de traduire, sans prendre le soin de le faire accom- « pagner des écrits où sont exposées les causes de la décadence des « Français. J'ai trouvé, pour ma part, entre autres écrits de ce « genre, un travail dont la lecture est des plus profitables et dont « l'auteur est le baron de Stoffel, officier que Napoléon III avait

(1) *Diplomatic Review*. — April 1872.

« envoyé en Allemagne pour examiner l'état de l'armée prus-
« sienne après les victoires de cette armée sur celle de l'Autriche,
« en 1866. Or le baron Stoffel attribue précisémeent à certaines
« dispositions du code Napoléon une influence fâcheuse sur l'état
« moral de la France. Il attaque particulièrement un article de ce
« code si admiré par les ignorants. C'est celui qui empêche les
« pères d'exercer sur leurs enfants un pouvoir efficace et qui
« cause mille désordres dans les familles, à commencer par l'ab-
« sence du respect que les enfants doivent à leurs parents. Ce
« manquement à un devoir naturel conduit à substituer la fami-
« liarité à la politesse, de là à revendiquer la liberté et l'égalité,
« puis à proclamer la Commune. »

L'auteur du travail précité, avec lequel nous avons eu l'honneur d'entrer en relations, a voulu venir à Paris pour étudier les mœurs de la capitale qui a produit la *Commune*. Il s'est fait présenter à M. Le Play, avec lequel il a eu plusieurs entretiens sur la situation du Japon. L'auteur de la *Réforme sociale* a pu donner d'utiles conseils au studieux lettré qui fait de son mieux pour mettre ses compatriotes à l'abri d'entraînements irréfléchis.

Nous espérons que la bienveillance de M. Le Play aura contribué à apaiser certaines rancunes qui se font jour avec trop de force dans le travail publié par le « *Diplomatic Review.* » On y lit en propres termes : « Depuis que je puis lire les livres européens, « ces deux mots, le christianisme et la civilisation me sont deve- « nus de plus en plus odieux, et depuis quelque temps je les « considère comme synonymes de meurtre et de vol. » Cette phrase est fâcheuse, mais on la conçoit lorsque l'on sait quel est l'orgueil des Occidentaux lorsqu'ils traitent avec des races moins bien armées qu'eux. Ils se croient d'un ordre supérieur et sont convaincus qu'ils peuvent impunément fouler aux pieds les usages et les coutumes des peuples qu'ils prétendent *civiliser*. Ils oublient trop souvent ce que l'étudiant japonais leur dit en termes un peu durs, à savoir que « les barbares sont ceux dont les actes sont « grossiers, impolis ou immoraux. »

Nous tairons certaines parties de l'écrit en question, trop sévères, à notre sens, à l'endroit des Européens. Nous tenions seulement à faire voir que les Japonais ne sont pas aussi peu sérieux que nous le croyons souvent. Bientôt leur ambassade va nous visiter, N'abandonnons pas entièrement nos hôtes à des mains avides et intéressées. Ouvrons-leur nos demeures; ils sont dignes d'en franchir les seuils. Qu'ils reçoivent chez nous des marques d'intérêt capables de leur faire comprendre que tous nous ne sommes pas cupides et trompeurs. D'ailleurs, tout ce que nous ferons en France ne sera pas perdu pour ceux de nos compatriotes que leur étoile a conduits sur la *terre du Soleil levant.* Les habitants de cette terre manquent rarement au devoir de la reconnaissance.

Paris. — Imp. Dubuisson et Ce, rue Coq-Héron, 5.

www.ingramcontent.com/pod-product-compliance
Lightning Source LLC
LaVergne TN
LVHW021642170726
843501LV00007B/2379

* 9 7 8 2 3 2 9 6 4 9 6 1 0 *